# Tulipán

la jirafa puertorriqueña

escrito por **Ada Haiman**

ilustrado por **Atabey Sánchez-Haiman**

Tulipán, la jirafa Puertorriqueña

c  Texto:  Ada Haiman
c  Ilustraciones:  Atabey Sánchez-Haiman

PMB 108
701-1 Avenida Ponce de León
San Juan, Puerto Rico 00907

iaiahaiman@gmail.com
ash@giraffesandrobots.com
GIRAFFESandROBOTS.com
JIRAFASyROBOTS.com

Primera edición: 2013

ISBN-10: 0615953433

## DEDICATORIA

Escrito para mi hija en el 2004 cuando el Museo de
Arte Contemporáneo rechazaron sus trabajos porque
"las jirafas no son puertorriqueñas"; descaradamente
recomendaron que pintara coquíes.

Dedicado a todas esas personas que han llegado a
Puerto Rico desde todo el mundo para vivir, respirar,
crecer y trabajar por Puerto Rico.

Un agradecimiento especial a Tere Marichal
por su apoyo y confianza.

A mi querido León.
A Roberto, gracias.

AH

Para Kian Milo, mi pequeño T. Rex. TQM

ASH

Esta es la historia de Tulipán, la jirafa puertorriqueña.

Tulipán era una jirafa feliz; se pasaba haciendo travesuras con sus amigos en el Bronx (eso es en Nueva York).

Pasaba los veranos con su abuela, así que tenía otros amigos con quien jugar en el pueblo de Aibonito (eso es en las montañas de Puerto Rico).

Algunas personas, al conocerla
por primera vez, le decían:
"No pareces puertorriqueña".

Al oír esto, Tulipán se rascaba
la cabeza y se preguntaba:

"¿No pareces puertorriqueña?
¿Qué querrán decir?".

Reflexionaba sobre esta afirmación y se preguntaba:

"¿Será por..."

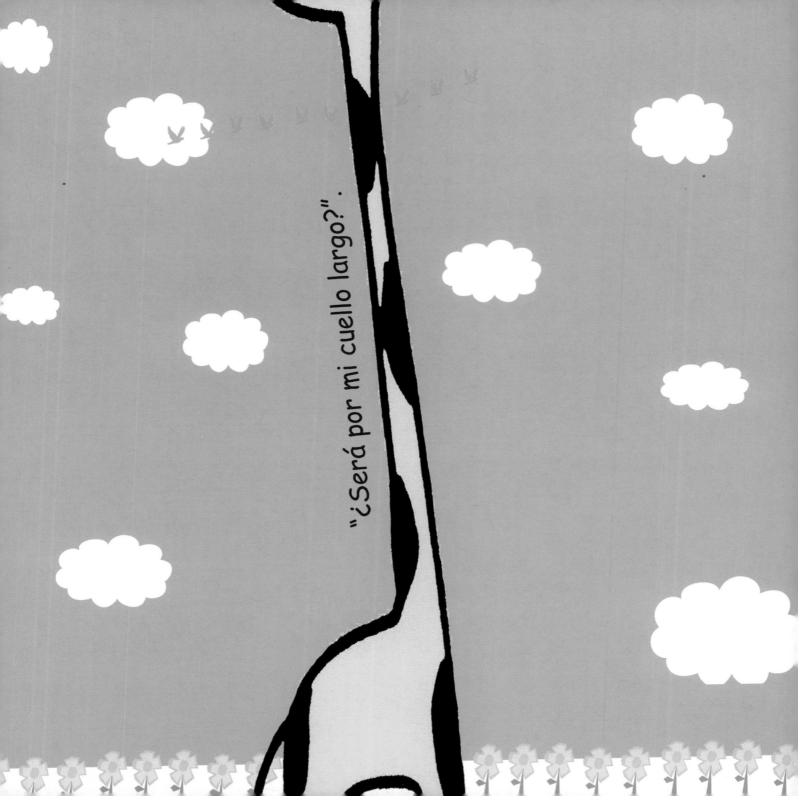

"¿Será por mi cuello largo?".

"¿Será por mis ojos grandes?".

Tulipán pensó y pensó y pensó
sobre esto por muchísimo tiempo.

# "¿Qué significa ser puertorriqueño?".

Sabía que no había nacido en Puerto Rico, pero pensaba que eso no era tan importante, especialmente cuando consideraba que 4,000,000 de puertorriqueños vivían fuera de la isla.

N

O    E

S

NYC

"¿Es mi aparencia o es cómo me siento?", se preguntó. "¿Está en mi sangre, en mi mente o en mi corazón?", ponderaba.

Hasta que un día llegó a la conclusión de
que lo verdaderamente importante
era que había vivido...

Había vivido visitando y oyendo historias sobre la isla encantada bañada por el mar y el sol.

Había vivido disfrutando los ritmos sincopados del Caribe.

(La música clásica también le agradaba).

Había vivido tomando la guagua aérea entre sus dos hogares.

(Le encantaba ser de dos lugares: uno caliente, el otro frío, uno rural, el otro urbano—estos contrastes alimentaban su imaginación).

Había vivido con la mancha de plátano.

(Eso es lo que le decía su mamá; realmente no sabía
qué significaba, pero su mamá lo decía con
tanto amor que a Tulipán le gustaba).

Había vivido hablando un español vivo y cambiante.

(Por supuesto, hablaba inglés también).

Algunas de sus palabras favoritas eran:

Así le decían a la azotea.

el rufo

# la marketa

Allí compraban las cosas más baratas que en el centro comercial.

Significa la satisfacción, la paz y el consenso, todo en una sola palabra.

Siempre se dice con una sonrisa.

# chévere

# guagua

Su amiga de Chile le corregía, "Autobús, Tuli, se dice autobús", pero a Tulipán le gustaba más el sonido familiar de la palabra guagua.

# pegao

El arroz tostadito que se raspa del fondo del caldero.

Así decía su mamá cada vez que se asomaba a su cuarto y veía el reguero.

revolú

# el choliseo

Un coliseo construido y una palabra acuñada en honor a José Miguel Agrelot, nuestro Don Cholito.

Frituras grasosas y ricas;
para chuparse los dedos.

cuchifritos

Donde se compraba fiao.

# bodega

Si estaban con hambre pero sin dinero, la mamá le decía, "Tuli, ve a la bodega a buscar arroz y habichuelas; dile a Don Paco que lo apunte".

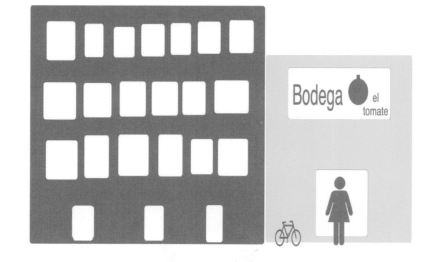

Bodega el tomate

Al salir de San Juan, vas a "la isla" aunque no hayas salido de la Isla Grande. Si no eres puertorriqueño, puede confundir.

# la isla

La Universidad de Puerto Rico; la UPR.

# la iupi

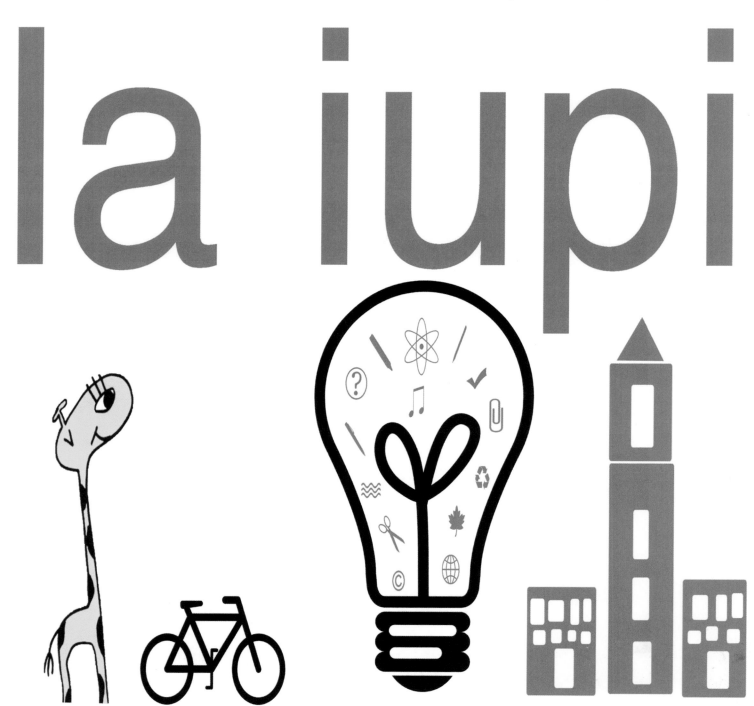

Una palabra
cadenciosa al oído,
aunque dura
para la cabeza.

cocotazo

Un guiso sabroso.

# sancocho

# chiringa

Otros países dicen cometa o chichiwa.

Y la mejor palabra de todas...

Sencillamente significa que puede haber más de un yo.

# niuyorrican

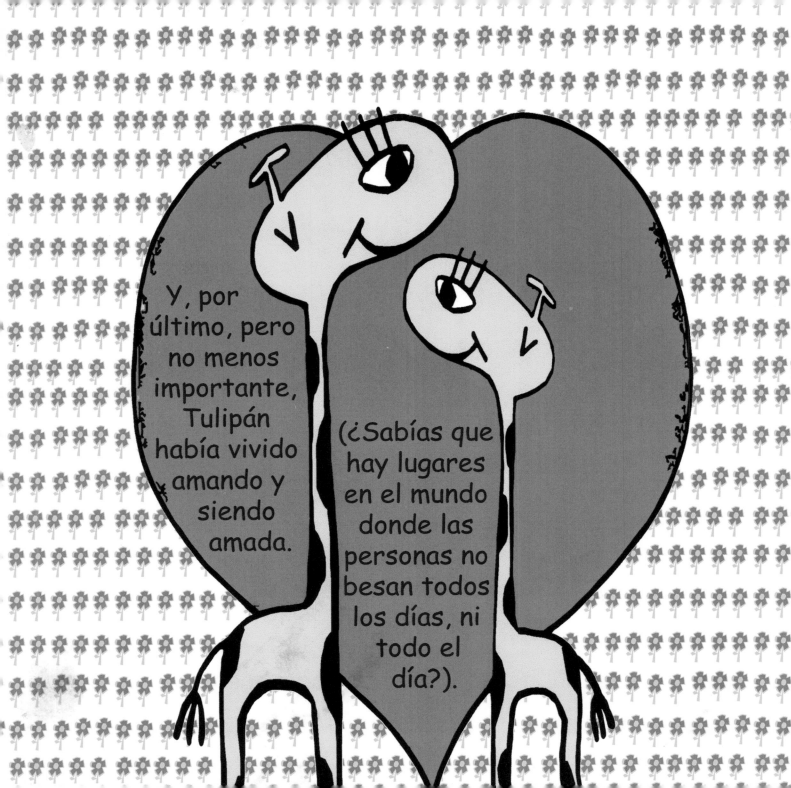

# chévere

Una vez resuelto este rompecabezas, cuando la gente le decía, "No pareces puertorriqueña", Tulipán sonreía y contestaba, "Chévere", porque sabía que eso NO era lo importante.

¿Qué crees tú?

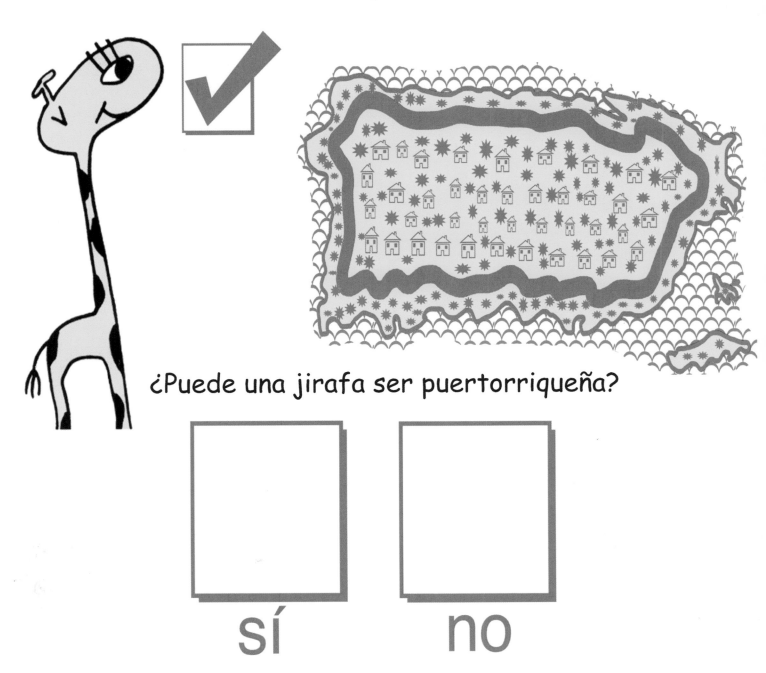

¿Puede una jirafa ser puertorriqueña?

sí     no

Colorín, colorado, este
cuento se ha acabado.